Ulrich Renz · Marc Robitzky

جنگلی ہنس

जंगली हंस

پریوں کی کہانی ہینس کرسٹن اینڈرسن سے ماخوذ دولسانی بچوں کی تصویری کتاب

ترجمہ:

Laila Youssuf (اردو)

Anit Salgotra, Dana Milena Enss (ہندی)

ایک دفعہ کا ذکر ہے، دور کسی دیس میں، ایک خوبصورت شاہی محل میں گیارہ شہزادے اور ان کی بڑی بہن شہزادی ایلیسا ہنسی خوشی رہا کرتے تھے۔

बहुत पुरानी बात है, बारह शाही बच्चे थे - ग्यारह भाई और उनकी बड़ी बहन- एलीसा। सभी एक सुंदर महल में खुशी से रहते थे।

کچھ عرصے بعد ان کی ماں کا انتقال ہو گیا اور بادشاہ نے دوسری شادی کر لی۔ بادشاہ کی دوسری بیوی ایک ظالم جادوگرنی تھی۔ اس نے اپنے جادو کے زور سے سارے شہزادوں کو ہنس بنا دیا اوران کو گھنے جنگل کے پار دوسرے دیس بھیج دیا۔

एक दिन उनकी माँ की मृत्यु हो गई और उसके कुछ समय बाद राजा ने दूसरा विवाह कर लिया। परन्तु दूसरी राजपत्नी एक बुरी चुड़ैल थी। उसने अपने जादू से सभी राजकुमारों को हंसों में बदल दिया और उन्हें दूर एक बड़े जंगल पार दूसरे देश में भेज दिया।

جادوگرنی نے شہزادی کو پھٹے پرانے کپڑے پہنائے اور اس کے چہرے پر ایک ایسا مرہم لگا دیا جس سے اس کا چہرہ اتنا بد صورت ہو گیا کہ بادشاہ بھی اپنی بیٹی کو نہیں پہچان پایا اور پھر اس کو محل سے باہر نکال دیا۔ شہزادی جنگل میں چلی جاتی ہے۔

उसने राजकुमारी को गंदे कपड़े पहना दिए और उसके मुँह पर ऐसा गंदा मलहम लगा दिया कि उसे उसके पिता भी नहीं पहचान सके और उसे महल से बाहर निकाल देने का आदेश दे दिया। एलीसा काले जंगल की तरफ़ भाग गई।

اب شہزادی گھنے جنگل میں بالکل تنہا تھی اور اپنے بچھڑے ہوئے بھائیوں کو شدت سے یاد کر رہی تھی۔ شام ڈھلتے ہی شہزادی نے کائی کے پودے سے درختوں کے نیچے اپنے لیے ایک بستر بنا لیا۔

अब एलीसा अकेली थी और तहे दिल से अपने भाइयों को याद कर रही थी। शाम को उसने सोने के लिए जंगल में एक पेड के नीचे काई का बिस्तर बनाया।

اگلی صبح شہزادی ایک پر سکون جھیل کے پاس جاتی ہے اور پانی میں اپنا عکس دیکھ کر حیران رہ جاتی ہے. لیکن جب وہ جھیل کے پانی سے نہا کے نکلتی ہے تو وہ اس دنیا کی سب سے خوبصورت شہزادی بن جاتی ہے۔

अगली सुबह जब उसने एक शांत तालाब में अपना चेहरा देखा तब वह दंग रह गई। परन्तु जब उसने अपना चेहरा साफ़ किया, तब उसे महसूस हुआ कि वह सूरज के नीचे सबसे सुंदर लड़की थी।

کچھ دنوں کے بعد شہزادی ایک بڑے سمندر کے کنارے تک پہنچ جاتی ہے۔ سمندر کی لہروں پر شہزادی کو ہنس پرندے کے گیارہ پر اوپر نیچے حرکت کرتے نظر آتے ہیں۔

बहुत दिनों बाद जब एलीसा विशाल समुन्दर तक पहुँची, तब उसने देखा कि पानी की लहरों में ग्यारह हंस पंख लहरा रहे थे।

سورج ڈوبتے ہی، ہوا میں ایک سرسراہٹ سی پیدا ہوئی اور گیارہ جنگلی ہنس دریا کے کنارے پہ اترے۔ شہزادی ایلیسا جادو کے سحر سے ہنس پرندے میں تبدیل اپنے بھائیوں کو فوراً پہچان جاتی ہے۔ لیکن ان کی زبان وہ نہیں سمجھ پاتی ہے۔

जैसे सूरज डूबता जा रहा था, वैसे हवा और तीव्र होती जा रही थी और ग्यारह जंगली हंस किनारे की ओर आ रहे थे। एलीसा ने एक दम से अपने मंत्रमुग्ध भाइयों को पहचान लिया। लेकिन वह हंस अपनी भाषा में बोल रहे थे, जो एलीसा की समझ से परे थी।

دن کی روشنی میں ہنس اڑ جایا کرتے اور رات میں تمام بہن بھائی غار میں جمع ہو کے ایک دوسرے کے ساتھ ہم آغوش ہوجاتے۔

ایک رات شہزادی ایلیسا ایک عجیب خواب دیکھتی ہے۔ جس میں اس کی ماں شہزادوں کو بچانے کا طریقہ بتاتی ہے۔ شہزادی کی ماں اس کو ایک کے خاردار پودےکے پتوں سے، اپنے تمام بھائیوں کے لئے ایک خاص قسم ایک قمیض بن کے ان کے اوپر ڈالنےکا کہتی ہے۔ ساتھ اس بات کی تلقین کرتی ہے کہ اس کے بارے میں کسی کو علم نہ ہو ورنہ اس کے تمام بھائی زندہ نہیں رہیں گے۔
شہزادی فوراً اپنا کام شروع کر دیتی ہے، پودوں کے کانٹوں کی چبھن سے اس کے ہاتھ بری طرح جل رہے ہوتے ہیں لیکن وہ پھر بھی اپنا کام دلجمعی سے جاری رکھتی ہے۔

दिन में हंस उड़ जाते और रात को वह सब एक गुफ़ा में एक साथ सोते।

एक रात एलीसा को एक बड़ा अजीब सपना आया। उस सपने में उसकी माँ आती है और उसे बोलती है कि एलीसा अपने भाइयों को वापस इंसान में बदल सकती है। ऐसा करने के लिए उसे बिच्छू बूटी से हर हंस के लिए एक कमीज़ बुननी पड़ेगी और उसके बाद हंसों को पहनानी पड़ेगी। उसके बाद उसके भाई वापस इंसान में बदल जाएँगे। परन्तु यह सब कुछ होने तक उसे चुप रहना होगा। नहीं तो उसके सभी भाई मर जाएँगे।
इस सपने के बाद एलीसा काम पर लग गई। उसके हाथों में बहूत दर्द होता था, परन्तु उस में अपने भाइयों को वापस इंसान बनते देखने का जुनून इतना ज़्यादा था कि वह दिन रात अपने काम में लगी रहती।

پھر ایک دن شہزادی کو شکاری بارہ سینگوں کے قدموں کی چاپ سنائی دیتی ہے۔ وہ دیکھتی ہے کہ ایک شہزادہ اپنے قافلے کے ہمراہ اس کی جانب بڑھ رہا ہے۔ قریب پہنچنے پر جب وہ ایک دوسرے کی آنکھوں میں دیکھتے ہیں تو ان کو پیار ہو جاتا ہے۔

एक दिन, दूर से एक भोंपू की आवाज़ आ रही थी। एक घुड़सवार राजकुमार अपने समुदाय के साथ जंगल में शिकार करने आया था। कुछ समय के बाद वह एलीसा के सामने आ कर खाड़ा हो गया। जैसे ही दोनों के नैन मिले, दोनों को एक दूसरे से प्रेम हो गया।

شہزادہ شہزادی کو گھوڑے پہ بٹھا کے
اپنے ساتھ محل لے جاتا ہے۔

उसके बाद राजकुमार एलीसा को अपने घोड़े पर सवार कर अपने महल में ले गया।

شاہی وزیر گونگی حسینہ کی محل میں
آمد سے بہت نا خوش ہوا کیونکہ وہ چاہتا
تھا کہ اس کی بیٹی کی شادی شہزادے
کے ساتھ ہو۔

उस महल का कोषाध्यक्ष एलीसा की उपस्थिति से खुश नहीं था क्योंकि उसकी अपनी पुत्री राजकुमार की पत्नी बनने वली थी।

محل میں رہتے ہوئے بھی شہزادی اپنے بھائیوں کو نہیں بھولی تھی۔ روزانہ شام ڈھلتے ہی وہ اپنے بھائیوں کی قمیضوں کا بقیہ کام جاری رکھتی۔ ایک رات وہ قبرستان سے اپنا مطلوبہ خاردار پودا لینے جاتی ہے اسی اثناء میں وزیر شہزادی کوخفیہ طور پر پودا لے جاتے ہوئے دیکھ لیتا ہے۔

अभी भी एलीसा अपने भाइयों को भूली नहीं थी। हर संध्या वह कमीज़ों को बुनने में जुटी रहती। एक रात वह कब्रिस्तान में नई बिच्छू बूटी लेने गई। ऐसा करते हुए उसे कोषाध्यक्ष ने छुपके से देख लिया।

وزیر شہزادی پہ الزام لگاتا ہے کہ وہ ایک جادوگرنی ہے اور رات میں دوسری جادوگرنیوں کے ساتھ ملتی ہے۔ جیسے ہی شہزادہ شکار کے لئے نکلتا ہے وزیر شہزادی کو قید خانے میں بند کر دیتا ہے۔

जैसे ही राजकुमार शिकार पर गया, कोषाध्यक्ष ने एलीसा को एक कोठरी में बंद कर देने का आदेश दे दिया। उसने एलीसा पर यह इल्ज़ाम लगाया कि वह एक चुड़ैल है और रात को दुसरी चुड़ैलों से मिलती है।

صبح ہوتے ہی سپاہی شہزادی کو مرکزی
بازار لے جانے کے لئے آجاتے ہیں،
جہاں پہ اس کو جلا کے مارا جانا تھا۔

सुबह में पहरेदार एलीसा को सार्वजनिक स्थल में ले कर गए। उसे ज़िन्दा जला देने का आदेश दिया गया था।

جیسے ہی شہزادی وہاں پہنچتی ہے، اچانک ہی گیارہ سفید ہنس اڑتے ہوئے آتے ہیں۔ شہزادی جلدی سے ہر ایک پر ایک قمیض اچھال دیتی ہے۔ فوراً ہی گیارہ ہنس انسانی شکل میں سامنے آکے کھڑے ہو گئے - صرف سب سے چھوٹے بھائی کے بازو کی جگہ پر رہ گیا کیونکہ اس کی قمیض کا بازو شہزادی پورا بن نہیں پائی تھی۔

जैसे ही वह वहाँ पहुँची, ग्यारह हंस उसकी तरफ उड़ते हुए पहुँच गए। एलीसा ने जल्दी से कमीज़ें अपने भाइयों की ओर फ़ेंक दी। कुछ ही पलों में उसके सभी भाई वापस इंसान के रूप में बदल गए। केवल सबसे छोटे भाई की कमीज़ पूरी नहीं बनी थी। इसलिए उसकी एक बाज़ू के स्थान पर अभी भी हंस का पंख था।

تمام بہن بھائی ایک دوسرے کو گلے لگارہے تھے اور خوب پیارکر رہے تھے کہ اتنی ہی دیر میں شہزادہ واپس آگیا۔ آخرکار شہزادی نے شہزادے کو ساری حقیقت بیان کر دی۔ شہزادے نے وزیر کو قید خانے بھجوادیا اور پھر دھوم دھام سے ان دونوں کی شادی ہوئی، جس کی تقریبات سات دن تک جاری رہیں۔

اور پھر وہ سب ہنسی خوشی رہنے لگے۔

पुनः इंसान में परिवर्तित हुए भाई-बहनों की खुशी अभी खतम भी नहीं हुई थी कि राजकुमार शिकार से वापस आ गया। आखिरकार एलीसा ने राजकुमार को सब सच बता दिया और यह सब सुनते ही राजकुमार ने कोषाध्यक्ष को कोठरी में बंद कर देने का आदेश दे दिया। उसके बाद राजकुमार और एलीसा की शादी अगले सात दिनों तक धूम धाम से मनाई गई।

और उसके बाद वह सब खुशी से रहने लगे।

لهانز كريستيان اندرسن

Hans Christian Andersen was born in the Danish city of Odense in 1805, and died in 1875 in Copenhagen. He gained world fame with his literary fairy-tales such as „The Little Mermaid“, „The Emperor's New Clothes“ and „The Ugly Duckling“. The tale at hand, „The Wild Swans“, was first published in 1838. It has been translated into more than one hundred languages and adapted for a wide range of media including theater, film and musical.

Do you like drawing?

Here are the pictures from the story to color in:

www.sefa-bilingual.com/coloring

Enjoy!

For ages 2 and up ♥

ٹم سو نہیں پا رہا۔ اس کا ننھا بھیڑیا کھو گیا ہے! شاید وہ اسے باہر بھول گیا ہے؟ ٹم رات کو اکیلا ہی اس کو ڈھونڈ نے نکلا۔ اور غیر متوقع طور پر کچھ دوستوں سے ملاقات ہو گئ...

Available in your language?

► Check out with our „Language Wizard“:

www.sefa-bilingual.com/languages

www.sefa-verlag.de

sefa

Special thanks to: Paul Bödeker, Freiburg, Germany

ISBN: 9783739985121

www.sefa-bilingual.com